Andrea Pilger

Glücks-Gnubbels

Glück kann man immer brauchen! Hier finden Sie eine ganze Reihe reizender Zwerge, Gnome, Wichtel und Trolle, die Ihnen als Glücksbringer zur Seite stehen wollen. Aus Papier oder aus Holz, auf Karten, an der Tür oder für unterwegs, diese gnubbligen Kerlchen machen Mut, wünschen gute Besserung oder gratulieren zum Geburtstag. Verschenken Sie doch mal wieder ein Quäntchen Glück!

Herzlich, Ihr

Die Motive lassen sich in folgende Schwierigkeitsgrade unterteilen:

● ○ ○ einfach ● ● ○ etwas schwieriger ● ● ● anspruchsvoll

GRUNDAUSSTATTUNG FÜR PAPIER

Folgende Werkzeuge und Hilfsmittel sollten Sie zur Hand haben. Sie werden in den Materiallisten nicht mehr eigens aufgeführt.

- Transparentpapier und Fotokarton (Schablonen)
- Schere, Cutter mit Schneideunterlage
- Lineal, Geo-Dreieck
- Bleistift, HB und 2B
- sehr feiner Filzstift in Schwarz
- Buntstift in Rot
- Alleskleber, z. B. UHU
- Lochzange
- Hammer

ZUSÄTZLICH FÜR HOLZ

- Laubsäge oder Dekupiersäge
- Bohrer, ø 1 m und 3 mm
- kleine und mittlere halbrunde Holzfeile
- 120er und 180er Schleifpapier
- kleiner Seitenschneider (Draht abschneiden)
- kleine Rundzange (Draht biegen)
- kleine Flachzange (Draht durchziehen oder eindrücken)
- spitzer Haarpinsel, Gr. 2
- breiter Haarpinsel, Gr. 6 und 8
- Vorstechnadel
- Kraftkleber, z. B. UHU

Hinweis: Mit „Rest“ ist immer ein Stück gemeint, das maximal A5 groß ist.

So wird's gemacht

Kartonschablonen

Die Motivteile ohne Überschneidungen nebeneinander mit Bleistift auf Transparentpapier abpausen. Bei den Holzmotiven auch die Bohrlöcher markieren. Das Transparentpapier auf Fotokarton kleben. Die Motivteile exakt ausschneiden. Diese Schablonen auf Fotokarton oder Sperrholz legen und die Umrisse mit Bleistift nachziehen. Die Position der Bohrlöcher mit einer Vorstechnadel durch die Schablone ins Holz drücken.

Papiermotive

1 Gesichter, Innenkonturen und Muster werden meistens aufgemalt, bevor die Einzelteile zusammengeklebt werden. Gesichter mit Bleistift leicht vorzeichnen und mit einem feinen, schwarzen Filzstift nachfahren.
Oder die Gesichter vom Vorlagenbogen übertragen, indem sie auf Transparentpapier abgepaust werden. Dann die Rückseite des Transparentpapiers mit weichem Bleistift einstreichen, mit der eingestrichenen Seite nach unten auf das Werkstück legen und die Gesichtszüge nachfahren. So überträgt sich der Graphit auf das Werkstück und kann mit Filzstift nachgefahren werden. Wangen mit Buntstift röten. Lichtpunkte in den Augen mit weißer Farbe und der Spitze eines Zahnstochers setzen. Mit Rundholzstäbchen im benötigten Durchmesser ist es möglich, gleichmäßige, runde Punkte aufzubringen. Vor jedem Punkt das Stäbchen neu in die Farbe tauchen.

2 Die Einzelteile aus Papier mit Klebstoff oder, wenn ein plastischer Effekt gewünscht ist, mit Klebekissen zusammenfügen. Dazu die Klebekissen gleichmäßig verteilt auf der Motiv-Rückseite aufbringen. Zur richtigen Positionierung der Einzelteile kann man sich an der Abbildung orientieren oder das Werkstück auf den Vorlagenbogen legen.

Holzmotive

1 Die Motivteile aussägen und die Löcher bohren (Reihenfolge beliebig bzw. in den einzelnen Anleitungen angegeben). Gnom, Raupe und Apfel auf Seite 20 werden am Stück ausgesägt, danach werden Gnom und Raupe abgetrennt und später wieder mit Draht aufgesteckt. Dadurch passen die Einzelteile puzzleartig perfekt zueinander.

2 Die Ränder mit Feile und Schleifpapier glätten. Falls seitlich Löcher gebohrt werden müssen, diese jetzt anbringen.

3 Die Motivteile bemalen (siehe auch „Papiermotive"). Nach dem Trocknen, wenn gewünscht, die Ränder nochmals mit Schleifpapier bearbeiten, so dass an den Kanten das Holz durchschimmert.

4 Zusammengefügt werden die Holzteile mit Kraftkleber oder mit Drahtstücken. Dazu den Draht durch die Teile ziehen, die miteinanderverbunden werden sollen, und die Drahtenden miteinander verdrehen.

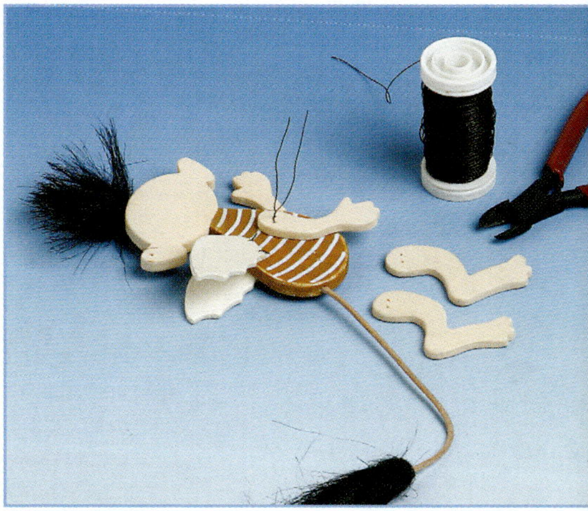

Plüschhaare

Viele der Glücksgnubbels haben eine Frisur aus Langhaarplüsch. Die Haarteile nach den angegebenen Maßen oder gemäß der Vorlage zuschneiden. Dabei immer auf der Plüschrückseite die Umrisse aufzeichnen. Damit beim Ausschneiden die Haare nicht gekürzt werden, die Scherenklinge auf der Vorderseite sorgsam unter den langen Haaren durchschieben.

Holzperlen halbieren

Die Holzperlen auf eine geeignete Unterlage, z. B. eine Schneideunterlage oder ein Brett, legen. Ein altes Messer oder ein Schnitzmesser auf die Bohrung der Perle setzen und die Perle mit einem leichten Hammerschlag auf die Messerklinge spalten.

Wichtelchen auf Karten

→ mit Kleeblättern und Marienkäfern

MOTIVHÖHE
ca. 13 cm und 16 cm

PRO KARTE
- Fotokarton in Weiß, 18 cm x 13 cm (sitzender Wichtel) oder 20 cm x 20 cm (stehender Wichtel)
- Fotokartonreste in Gelbgrün, Zitronengelb, Rot, Hellblau, Blau und Hautfarbe
- Dekostifte in Weiß und Hellgrün, ø 1 mm bis 2 mm
- geglühter Blumendraht, ø 0,35 mm, 5 cm und 8 cm (Mützenquaste) und evtl. 2 x 15 cm lang (Kleeblätter andrahten)
- ca. 15 Klebekissen, 5 mm x 5 mm
- Abacafaser oder Jutegras in Gelb, 4 cm lang
- evtl. Deko-Kordel in Gelbgrün, 30 cm lang

VORLAGENBOGEN 1A

Karte mit sitzendem Wichtel

1 Ein weißes Kartonrechteck, 18 cm x 13 cm, in der Mitte anritzen und zu einer Doppelkarte, 9 cm x 13 cm, falten. Die Ecken mit der Schere abrunden. Links oben mit der Lochzange ein Loch für die Kordel ausstanzen. Die Ecken des grünen Kartonrechtecks ebenfalls abrunden und dann mit dem weißen Dekostift beschriften. Auf die weißen Buchstaben kleine schwarze Punkte tupfen. Das grüne Schriftfeld auf die weiße Karte kleben.

2 Karte und Schriftfeld mit grünen Punkten versehen.

3 Die Marienkäfer bestehen jeweils aus einem roten Kartonpunkt, auf den mit schwarzem Filzstift Punkte und Kopf gemalt werden. Die Käfer jeweils mit einem Klebekissen auf dem beschrifteten Rechteck befestigen. Fühler und Beine der Käfer direkt auf den grünen Karton zeichnen.

4 Die Wichtelteile aus Karton ausschneiden und mit Filzstift oder Dekostift verzieren. Nun den Wichtel zusammenkleben. Die Mützenspitze mit der Vorstechnadel lochen und ein Ende des 8 cm langen Drahtes andrahten. Das andere Drahtende um die Mitte des Abacafaserbüschels schlingen. Das Faserbüschel an der Bindestelle umknicken und mit dem 5 cm langen Draht für die Quaste zweimal umschlingen. Die beiden Drahtenden viermal miteinander verdrehen und mit dem Seitenschneider kürzen.

5 Den Wichtel mit Klebekissen auf der Karte befestigen. Die drei Kleeblätter mit Bleistiftpunkten versehen und ebenfalls mit Klebekissen fixieren.

Karte mit stehendem Wichtel

1 Ein weißes Kartonquadrat, 20 cm x 20 cm, in der Mitte anritzen und zu einer Doppelkarte falten. Die Schablone auflegen, den Umriss mit Bleistift nachziehen und die Karte ausschneiden.

2 Den Wichtel auf der Karte wie oben beschrieben arbeiten.

3 Zuletzt in die Vorderseite der geöffneten Karte oben zwei Löcher einstechen, die beiden langen Drahtstücke halb durchziehen, zweimal miteinander verdrehen und an den Enden jeweils ein Kleeblatt andrahten.

ALLES GUTE ZUM GEBURTSTAG
ICH WÜNSCH' DIR GLÜCK

Gnom am Türrahmen

→ da fühlt man sich willkommen

MOTIVHÖHE
ca. 20 cm

MATERIAL

- Sperrholz, 1,2 cm stark, 20 cm x 15 cm (Rumpf)
- Sperrholzrest, 8 mm stark (Arm und Bein)
- Sperrholzrest, 3 mm stark (Schild)
- Acrylfarbe in Hautfarbe, Weiß und Hellbraun
- Dekostifte in Weiß und Hellbraun, ø 1 mm bis 2 mm
- halbierte Rohholzperle, ø 1,2 cm (Nase)
- Plüschrest in Hellbraun
- Jutekordel in Natur, ø 3 mm, 20 cm lang (Schwanz)
- Baumwollkordel in Braun, ø 1 mm, 20 cm lang (Aufhängung von Schild)
- Bohrer, ø 2 mm (Schild) und 3 mm (Schwanz)

VORLAGEN-BOGEN 1B

1 Die Holzteile aussägen. Die Ränder mit Feile und Schleifpapier glätten.

2 Die Holzteile bemalen. Die halbierte, unbemalte Holzperle als Nase aufkleben, dann das Gesicht leicht mit Bleistift vorzeichnen und mit dem feinen Filzstift nachziehen. Die Wangen mit Buntstift röten und auf die Augen einen weißen Lichtpunkt auftupfen. Den braunen Rumpf mit kleinen weißen Kreuzchen und das beschriftete weiße Schild mit braunen Kreuzchen verzieren. Evtl. die Ränder leicht abschleifen.

3 Den zweiten Arm und das zweite Bein jeweils leicht verschoben mit Kraftkleber aufkleben. Die Hände und das Schild mit dem kleinen Bohrer durchbohren. Dann das Loch für den Schwanz bohren. Die Jutekordel als Schwanz einkleben.

4 Nun den Haarschopf aus Plüsch, 6 cm x 2 cm, aufkleben. Beim Ausschneiden des Plüschstreifens den Verlauf der Plüschhaare beachten; sie sollten ins Gesicht reichen. Den Haarschopf aufkleben. Die Schwanzquaste besteht aus einem Plüschrechteck, 3 cm x 4 cm, das um das Schwanzende geklebt wird.

5 Das Schild mit einer braunen Kordel an einer Hand befestigen.

Tipp: **Ohne das Schild oder mit einer anderen Aufschrift macht sich der Gnom auch gut im Regal.**

TRITT EIN!
BRING' GLÜCK
HEREIN

Freche Glückselfen

→ mit roten Haaren

1 Die Motivteile beider Elfen sind gleich. Am Kopf zuerst die Nase ankleben, dann den Mund aufmalen und die Wackelaugen aufkleben. Die Wangen mit Buntstift röten.

2 Das Haarteil aus Plüsch ausschneiden (gestrichelte Linie). Beim Schneiden die Scherenspitze unter den Haaren durchschieben, damit sie nicht gekürzt werden. Die Vorlage für die Haarschablone bezieht sich nur auf das Gewebe auf der Rückseite des Plüschs. Die Plüschhaare auf den Kopf kleben und mit der Schere in Form schneiden.

3 Rumpf und evtl. Hosenbeine vor dem Zusammenkleben mit dem Dekostift bemalen. Den Elf wie abgebildet zusammenkleben. Die Aufhängekordel hinten am Kopf ankleben.

4 Der Schnecke das Gesicht aufmalen und den Rumpf mit weißen Streifen verzieren. An den Drahtenden jeweils eine Holzperle befestigen, dann den Draht in der Mitte knicken und am Hinterkopf ankleben. Das Schneckenhaus aufkleben. Den Elf mit Klebekissen auf dem Schneckenhaus befestigen.

5 Den Pilzhut auf den Stiel kleben, dann mit Plusterstift weiße Flecken auf den Hut malen. Nicht aufplustern. Den Elf mit Klebepunkten auf dem Pilz befestigen.

Tipp: Diese Elfen gefallen besonders Kindern gut. Als Geschenkanhänger zum Geburtstag oder auf einem Kärtchen werden sie gerne genommen.

MOTIVHÖHE

ca. 15 cm und 18 cm

MATERIAL PRO ELF

- Fotokartonreste in Hautfarbe, Weiß, Hellgrün und Grün sowie Rot oder Orange und Gelb
- halbierte Rohholzperle, ø 8 mm (Nase)
- evtl. 2 Holzperlen in Gelb, ø 6 mm (Schneckenfühler)
- 2 Wackelaugen, ø 3 mm
- Dekostifte in Weiß und Rot oder Hellgrün, ø 1 mm bis 2 mm
- Baumwollkordel in Weiß, ø 1 mm, 40 cm lang
- Langhaarplüschrest in Orange
- Klebekissen, 5 mm x 5 mm
- evtl. geglühter Blumendraht, ø 0,35 mm, 10 cm lang (Schneckenfühler)
- evtl. Plusterstift in Weiß

VORLAGEN-BOGEN 2A

Zwerg mit roter Mütze

→ gibt sich als Troll aus

MOTIVHÖHE
ca. 26 cm

MATERIAL

- Fichtenleimholz, 1,8 cm stark, 30 cm x 10 cm (astfrei)
- Sperrholzrest, 8 mm stark (Schuhe)
- Sperrholzrest, 4 mm stark (Arme, Kleeblatt und Schild)
- Acrylfarbe in Hautfarbe, Rot, Gelb und Gelbgrün
- Dekostift in Weiß, ø 1 mm bis 2 mm
- halbierte Rohholzperle, ø 1 cm (Nase)
- Abacafaser oder Jutegras in Gelb, 6 cm lang (Quaste)
- geglühter Blumendraht, ø 0,35 mm, 8 cm und 15 cm (Mützenquaste) und 2 x 10 cm lang (Befestigung der Arme)
- Bohrer, ø 1 mm

VORLAGEN-BOGEN 2B

1 Die Ränder der ausgesägten Motivteile mit der Feile leicht abrunden und mit Schleifpapier glätten.

2 Die Holzteile bemalen und die Ränder evtl. nochmals leicht abschleifen. Die Nase aufkleben und das Gesicht aufzeichnen. Die Wangen mit Buntstift röten. Die Streifen auf der Mütze, die Nähte der Flicken und die Kreuzchen auf der Kleidung mit dem Dekostift aufmalen.

3 In die Arme je ein Loch, in die Schultern je zwei Löcher bohren.

4 Um die Arme zu befestigen, ein 10 cm langes Drahtstück halb durch das Loch im Arm ziehen, dann beide Drahtenden durch die beiden Löcher in der Schulter stecken. Auf der Rückseite die Drahtenden mit Daumen und Zeigefinger oder einer kleinen Flachzange viermal verdrehen, mit dem Seitenschneider kürzen und andrücken.

5 Ein Ende des 15 cm langen Drahtstückes an der Mützenspitze andrahten, das andere Ende um die Mitte des Abacafaserbüschels schlingen, verdrehen und kürzen. Das Faserbüschel an der Bindestelle knicken und mit dem 8 cm langen Draht zweimal umschlingen, so dass eine Quaste entsteht. Die Drahtenden miteinander verdrehen und kürzen.

6 Den Wichtel auf die Schuhe kleben und das Kleeblatt und das Schild unter die Arme schieben; evtl. mit Kraftkleber fixieren.

Tipp: Wenn Sie keine Dekupiersäge haben, können Sie den Wichtel auch aus 8 mm oder 1 cm starkem Sperrholz aussägen.

Hinweis: Für das Aussägen des Motivs aus dem möglichst astfreien Fichtenleimholz ist eine Dekupiersäge notwendig!

GLÜCKS-
TROLL

Trollanhänger

→ mini Begleiter für unterwegs

Troll mit Herz

1 Die Holzteile aussägen. Die Ränder mit Feile und Schleifpapier glätten.

2 Die Holzteile bemalen, Nach dem Trocknen das Gesicht leicht mit Bleistift vorzeichnen und mit dem feinen Filzstift nachziehen.

3 Die Wangen mit Buntstift röten. Evtl. die Ränder der Motivteile leicht nachschleifen.

4 Nun die Löcher bohren.

5 Den Draht zu einem engen U biegen und beide Enden zuerst durch die beiden Löcher im ersten Arm, dann durch die Löcher im Rumpf und im zweiten Arm stecken. Beide Drahtenden mit Daumen und Zeigefinger oder mit einer kleinen Flachzange viermal verdrehen. Die Drahtenden mit dem Seitenschneider kürzen und andrücken.

6 Den Schwanz anknoten und ans Ende als Quaste ein Plüschstück, 1,5 cm x 1 cm ankleben. Aufhängung, Herz und Schlüsselring befestigen.

Troll mit Plüschhaaren

1 Die Holzteile aussägen. Die Ränder mit Feile und Schleifpapier glätten.

2 Die Holzteile bemalen. Die halbierte Holzperle als Nase aufkleben, dann das Gesicht leicht mit Bleistift vorzeichnen und mit dem feinen Filzstift nachziehen. Die Wangen mit Buntstift röten. Evtl. die Ränder leicht abschleifen.

3 In den Rumpf von unten ein Loch für den Schwanz (ø 1,5 mm) bohren. Für die Befestigung von Armen und Füßen den kleinen Bohrer nehmen.

4 Für die Befestigung der Füße ein Drahtstück zu einem engen U biegen und beide Enden zuerst durch die beiden Löcher in einem Fuß, dann durch die entsprechenden Löcher im Rumpf stecken. Beide Drahtenden auf der Rückseite mit Daumen und Zeigefinger oder mit einer kleinen Flachzange viermal verdrehen. Die Drahtenden mit dem Seitenschneider kürzen und andrücken.

5 Für die Befestigung der Arme jeweils ein Drahtende durch die Löcher in Arm

MOTIVHÖHE
ca. 5,5 cm (ohne Schwanz)

MATERIAL
TROLL MIT HERZ
- Sperrholzrest, 3 mm stark
- Acrylfarbe in Hautfarbe, Hellbraun und Rot
- Plüschrest in Hellbraun (Schwanzquaste)
- gewachste Baumwollkordel in Beige, ø 1 mm, 10 cm (Schwanz), 18 cm (Aufhängung) und 8 cm lang (Herz)
- geglühter Blumendraht, ø 0,35 mm, 5 cm lang (Befestigung der Arme)
- Schlüsselring, ø 2 cm
- Bohrer, ø 1 mm (Draht) und 1,5 mm (Kordel)

TROLL MIT PLÜSCHHAAREN
- Sperrholzrest, 4 mm stark (Rumpf)
- Sperrholzrest, 3 mm stark (Arme und Beine)
- Acrylfarbe in Hautfarbe und Hellbraun
- halbierte Rohholzperle, ø 6 cm (Nase)
- Plüschrest in Hellbraun
- gewachste Baumwollkordel, ø 1 mm, in Braun, 30 cm lang (Aufhängung), und in Beige, 9 cm lang (Schwanz)
- geglühter Blumendraht, ø 0,35 mm, 4 x 5 cm lang (Befestigung von Armen und Füßen)
- Bohrer, ø 1 mm (Draht) und 1,5 mm (Schwanz)

VORLAGENBOGEN 1A

WEITERFÜHRUNG

Trollanhänger

und Rumpf stecken und die Drahtenden auf der Rückseite verdrehen und kürzen.

6 Die beige Kordel als Schwanz ankleben. Ans Schwanzende ein Plüschstück, 1,5 cm x 1 cm, als Quaste kleben. Ein gleich großes Plüschstück als Haarschopf auf den Kopf kleben.

7 Die braune Kordel um den Hals legen und auf der Rückseite verknoten.

Tipp: Überziehen Sie die kleinen Kerlchen mit Klarlack. So sind sie besser geschützt.

Klammertrolle

→ geringelt und gehörnt

MOTIVHÖHE
ca. 14 cm und 22 cm

MATERIAL PRO TROLL
- Wäscheklammer, 7,5 cm lang
- Fotokartonreste in Hautfarbe und ggf. Weiß (Schild)
- halbierte Rohholzperle, ø 1 cm (Nase)
- 2 Wackelaugen, ø 5 mm
- Dekostift in Braun, ø 2 mm bis 4 mm
- Buntstift in Hellbraun
- Langhaarplüschrest in Orange

VORLAGENBOGEN 1B

1 Bis auf den Schwanz sind bei beiden Trollen alle Motivteile gleich; sie werden nur unterschiedlich angebracht. Auf Arme, Beine, Schwanz und Hörner braune Streifen malen. Auf den Kopf Nase und Wackelaugen aufkleben, dann Mund und Ohrinnenlinien aufmalen. Die Ohrinnenflächen und die Wangen mit einem braunen Buntstift malen.

2 Den Rumpf auf die Rückseite des Plüschs legen und den Umriss mit Filzstift nachziehen. Achtung: Der Verlauf der Plüschhaare geht von oben nach unten. Beim Ausschneiden die Scherenspitze unter den Haaren durchschieben. Das Plüschteil auf den Kartonrumpf kleben. Erst jetzt die Haare mit der Schere kürzen.

3 Für den Schwanz ein Plüschteil, 2,5 cm x 2,5 cm, beidseitig am Schwanzende als Quaste ankleben. Zwischen den Hörnern einen Plüschrest ankleben.

4 Den Kopf auf den Plüschrumpf kleben. Von hinten Arme, Beine und Schwanz anbringen. Den Troll auf der Wäscheklammer fixieren.

GLÜCKS-
TROLL

Bärtige Zwerge

→ kleine Mitbringsel

MOTIVHÖHE
ca. 15 cm

MATERIAL PRO ZWERG

- Fotokartonreste in Hautfarbe sowie Rot, Hellgrün und Grün oder Hellbraun und Braun
- halbierte Holzperle in Rot, ø 1 cm (Nase)
- 2 Wackelaugen, ø 3 mm
- Dekostift in Weiß, ø 1 mm bis 2 mm
- Plüschrest in Schwarz oder Weiß
- Klebekissen, 5 mm x 5 mm
- Schaschlikstäbchen

VORLAGENBOGEN 1B

1 Die Einzelteile sind bei beiden Zwergen gleich. Die Motivteile aus Fotokarton ausschneiden und mit dem Dekostift wie abgebildet verzieren. Bei der karierten Jacke zuerst die Ärmel an den Rumpf kleben, damit der Musterverlauf an der Jacke durchgängig ist. Die Ohrlinien mit Filzstift aufzeichnen.

2 Die Bartschablone auf die Plüschrückseite legen und die Kontur mit Filzstift nachziehen, dabei den Verlauf der Plüschhaare (von oben nach unten) beachten. Den Plüschbart ausschneiden, auf den Kopf legen und zusammen mit Nase und Wackelaugen ankleben. Die Mütze mit Klebekissen befestigen.

3 Hände und Ärmel anbringen. Dann den Kopf auf die Jacke kleben. Die Hosenbeine und zuletzt die Schuhe mit Klebekissen fixieren.

4 Das Schild an einem gekürzten Schaschlikstäbchen anbringen oder den Zwerg selbst auf ein Schaschlikstäbchen kleben.

MOTIVHÖHE
ca. 10 cm und 11 cm

MATERIAL PRO ELF
- Sperrholz, 3 mm stark, 10 cm x 20 cm
- Acrylfarbe in Hautfarbe, Weiß, Gelbgrün sowie Gelb oder Blau und Grün
- Dekostifte in Weiß und Hellgrün, ø 1 mm bis 2 mm
- Baumwollkordel in Weiß, ø 1 mm, 10 cm oder 40 cm lang
- geglühter Blumendraht, ø 0,35 mm, 3 x 8 cm lang (Befestigung der Arme, Beine und Flügel)
- Bohrer, ø 1 mm

ZUSÄTZLICH FÜR KARTE
- Fotokarton in Gelbgrün, 16 cm x 20 cm
- Maulbeerpapierrest in Weiß

VORLAGEN-BOGEN 1B

Glückselfen

→ blumig-knuddelig

1 Die Holzteile aussägen und die Ränder feilen und glätten.

2 Die Konturen von Blütenhut und Kragen und das Gesicht leicht mit Bleistift vorzeichnen. Dann die Motivteile bemalen. Das Gesicht aufmalen und die Wangen mit dem Buntstift röten. Mit den Dekostiften Punkte und Linien aufmalen.

3 Die Löcher bohren.

4 Ein Drahtstück zu einem engen U biegen, die Drahtenden durch die beiden Löcher im ersten Arm, die beiden Löcher in der Schulter und dann die Löcher im zweiten Arm stecken. Auf der Rückseite die beiden Drahtenden mit Daumen und Zeigefinger oder mit einer kleinen Flachzange viermal miteinander verdrehen, mit dem Seitenschneider kürzen und andrücken. Die Flügel und die Beine ebenso andrahten.

5 Am durchbohrten Blütenhut die Aufhängekordel anbringen. Das Schild ankleben.

6 Für die Karte den Karton in der Mitte mit Lineal und Cutter anritzen und zu einer Doppelkarte falten. Das Maulbeerpapier reißen, nicht schneiden und auf die Karte kleben. Mit der Lochzange zwei Löcher in die Kartenvorderseite stanzen, den Aufhängefaden hindurchziehen und auf der Karteninnenseite verknoten. Den Elf auf der Vorderseite evtl. zusätzlich festkleben.

Zwergenpost

→ von Herzen

MOTIVHÖHE
ca. 18 cm

MATERIAL PRO KARTE

- Fotokarton in Zitronengelb oder Hellblau, 18 cm x 18 cm
- Fotokartonreste in Zitronengelb, Rot, Hellblau, Blau, Hautfarbe und evtl. Weiß (Schriftfeld)
- Dekostift in Weiß, ø 1 mm bis 2 mm
- geglühter Blumendraht, ø 0,35 mm, 5 cm und 8 cm lang (Mützenquaste)
- Klebekissen, 5 mm x 5 mm
- Abacafaser oder Jutegras in Gelb, 4 cm lang

VORLAGENBOGEN 1B

1 Beide Zwerge sind bis auf die Farben der Motivteile und die aufgemalten Muster gleich. Die Karte besteht aus einem gelben bzw. hellblauen Kartonquadrat, 18 cm x 18 cm, das in der Mitte angeritzt und zu einer Doppelkarte gefaltet wird. Mit dem Dekostift senkrechte und waagrechte unregelmäßige Linien aufmalen und Punkte auftupfen.

2 Die Motivteile des Zwerges auf Fotokarton übertragen, ausschneiden und mit dem Dekostift verzieren. Das Gesicht mit einem feinen schwarzen Filzstift aufmalen und die Wangen mit Buntstift röten. Die Motivteile wie abgebildet zusammenkleben. Den Ärmel evtl. mit zwei Klebekissen fixieren.

3 Die Mützenspitze mit der Vorstechnadel lochen und ein Ende des 8 cm langen Drahtes andrahten. Das andere Drahtende um die Mitte des Abacafaserbüschels schlingen. Das Faserbüschel an der Bindestelle umknicken und mit dem 5 cm langen Draht für die Quaste zweimal umschlingen. Die beiden Drahtenden viermal miteinander verdrehen und mit dem Seitenschneider kürzen.

4 Den Zwerg mit Klebekissen auf der Karte befestigen.

Tipp: Nach Belieben können Sie die Karte zusätzlich mit Sprüchen zum Thema Glück verzieren.

GLÜCK
IST EIN
WUNDERDING –
JE MEHR
MAN GIBT,
DESTO MEHR
HAT MAN.
G. DE STAËL-HOLSTEIN
1766 – 1817

Gnom auf Apfel

→ gute Besserung!

1 Gnom, Raupe und Apfel zuerst als ein Teil aussägen, dann den Gnom und die Raupe vom Apfel trennen. Die Ränder mit der Feile leicht abrunden und mit Schleifpapier glätten. Hände, Füße und Schild aus Sperrholz aussägen und die Ränder mit Feile und Schleifpapier glätten.

2 Die Holzteile bemalen und die Ränder evtl. nochmals leicht abschleifen. Dem Gnom die Nase aufkleben und das Gesicht aufmalen. Die Wangen mit Buntstift röten.

3 Für die Arme den Rumpf waagrecht von der Seite durchbohren (ø 2 mm). Von hinten das Loch für den Schwanz bohren, den Rumpf dabei aber nicht durchbohren. Den Kopf der Raupe für die Fühler (ø 1 mm) ebenfalls waagrecht von der Seite durchbohren.

4 Um Gnom und Raupe auf dem Apfel zu befestigen, von unten jeweils ein ca. 1,5 cm tiefes Loch in die beiden Motive und von oben in den Apfel bohren. Die beiden Steckdrahtstücke in den Apfel stecken und Gnom und Raupe aufstecken.

5 Den Gnom und die Raupe wieder abnehmen. Dem Troll die Plüschhaare, 3,5 cm x 2,5 cm, aufkleben; dabei weist der Verlauf der Haare nach vorne. Am Schwanzende eine Quaste aus Plüsch, 2 cm x 2 cm, anbringen. Den Schwanz am Rumpf fixieren. Den Armriemen durch den Rumpf stecken und auf die Enden die angebohrten Hände stecken. Die Füße ankleben. Die Fühlerenden der Raupe mit der Rundzange zurechtbiegen. Zum Schluss das beschriftete Schild anbringen und die Motive auf den Apfel stecken.

Hinweis: Für das Aussägen des Motivs aus dem möglichst astfreien Fichtenleimholz ist eine Dekupiersäge nötig!

Tipp: Wenn Sie keine Dekupiersäge haben, können Sie den Apfelgnom auch mit der Laubsäge aus 8 mm starkem Sperrholz aussägen. Dann ist das Motiv allerdings zu schmal, um frei zu stehen. Entweder Sie kleben es dann auf eine Bodenplatte oder hängen es als Wand- oder Fensterbild auf.

MOTIVHÖHE
ca. 15 cm

MATERIAL

- Fichtenleimholz, 1,8 cm stark, 20 cm x 20 cm
- Sperrholzrest, 6 mm stark (Hände, Füße und Schild)
- Acrylfarbe in Hautfarbe, Weiß, Hellbraun, Rot, Gelb und Grün
- Dekostift in Weiß, ø 1 mm bis 2 mm
- halbierte Rohholzperle, ø 6 mm (Nase)
- Plüschrest in Schwarz
- Lederriemen in Natur, ø 2 mm, 7 cm (Arme) und 17 cm lang (Schwanz)
- Steckdraht, ø 1 mm, 2 x 3 cm lang (Troll und Raupe auf Apfel aufstecken)
- geglühter Blumendraht, ø 0,65 mm, 10 cm lang (Fühler)
- Bohrer, ø 1 mm (Draht) und 2 mm (Lederriemen)

VORLAGENBOGEN 1A

ABC-Wichtel

→ für den Schulanfang

MOTIVHÖHE
ca. 16 cm und 26 cm

MATERIAL KARTE

- Fotokarton in Weiß, 20 cm x 16 cm
- Fotokartonreste in Zitronengelb, Rot, Hellblau, Blau und Hautfarbe
- Klebekissen, 5 mm x 5 mm
- halbierte Rohholzperle, ø 6 mm (Nase)
- Dekostifte in Rot, Gelb und Hellblau, ø 1 mm bis 2 mm
- Baumwollkordel in Weiß, ø 1 mm, 20 cm lang

SCHULTÜTE

- Fotokartonreste in Zitronengelb, Rot, Hellblau, Blau, Hautfarbe und Weiß
- Klebekissen, 5 mm x 5 mm
- Schultüte aus Wellpappe in Rot
- Krepppapier in Gelb, 1,10 m x 50 cm
- halbierte Rohholzperle, ø 1 cm (Nase)
- Dekostift in Weiß, ø 1 mm bis 2 mm
- Wollfaden in Gelb, ca. 20 cm lang

VORLAGENBOGEN 2A

Wichtel

1 Die Wichtel unterscheiden sich nur in Größe und Farbgebung. Von den Motivteilen Schablonen anfertigen, die Umrisse auf Fotokarton übertragen. Die Motivteile ausschneiden und ggf. mit dem Dekostift verzieren.

2 Am Kopf die Nase aufkleben und das Gesicht aufmalen. Die Wangen mit Buntstift röten. Den Wichtel wie abgebildet zusammenkleben. Die Schultüte und die Arme mit Klebekissen anbringen. Beim großen Wichtel das kleine Flickenherz aufkleben und die Nähte mit Filzstift aufzeichnen. Die Tüte im Wichtelarm mit dem Faden abbinden.

3 Den Wichtel mit Klebekissen auf die Karte bzw. die Schultüte kleben.

Karte

Das weiße Kartonrechteck in der Mitte anritzen und zu einer Doppelkarte, 10 cm x 16 cm, falten. Die Karte mit den bunten Dekostiften beschriften und verzieren.

Schultüte

Vor dem Zusammenkleben am oberen Rand das Krepppapier ankleben. Dazu den Rand an der Innenseite ca. 4 cm breit mit Klebstoff bestreichen. Das Krepppapier beim Auflegen etwas zusammenschieben und kräuseln, da die Schultüte nach oben breiter wird. Nun den verbliebenen Rest der Rolle abschneiden und die Schultüte zusammenstecken und -kleben. Den Wichtel mit Klebekissen, die Buchstaben mit Alleskleber befestigen.

VIEL GLÜCK
VIEL GLÜCK IN DER SCHULE
ABC

Gnubbels

Türstopper-Troll

→ hält Türen für Sie offen

MOTIVHÖHE
ca. 24 cm

MATERIAL
- Fichtenleimholz, 1,8 cm stark, 15 cm x 25 cm
- Sperrholzrest, 6 mm stark (Arme)
- Sperrholzrest, 4 mm stark (Herz)
- Acrylfarbe in Hautfarbe und Rot
- Dekostift in Weiß, ø 1 mm bis 2 mm
- 2 Wackelaugen, ø 7 mm
- Langhaarplüsch in Schwarz, 30 cm x 20 cm
- Baumwollkordel in Schwarz, ø 1 mm, 20 cm lang (Schild befestigen)
- geglühter Blumendraht, ø 0,65 mm, 2 x 10 cm lang
- Steckdraht, ø 1 mm, 2 x 2,5 cm lang
- Bohrer, ø 1 mm (Arme und Schultern) und 2 mm (Schild)

VORLAGENBOGEN 2B

Hinweis: Für das Aussägen des Motivs aus dem Fichtenleimholz ist eine Dekupiersäge notwendig!

1 Die Motivteile aus dem entsprechenden Holz zusägen. Den Keil aus Fichtenleimholz, 14 cm x 6 cm, mit der Dekupiersäge oder der Rückensäge aussägen. Die Ränder mit der Feile leicht abrunden und mit Schleifpapier glätten.

2 Den Troll und die Arme hautfarben, den Keil und das Herz rot bemalen. Die Wackelaugen aufkleben.

3 Die Arme und die Schulter jeweils zweimal durchbohren. Den Holzkeil und den Trollfuß jeweils zweimal im Abstand von 3 cm durchbohren (gepunktete Linie). In den Holzkeil die beiden Steckdrähte stecken, auf sie wird später der Troll aufgesteckt.

4 Ein Langhaarplüschstück, 20 cm breit und 14 cm hoch, ausschneiden, dabei die Scherenspitze unter den Haaren durchschieben, so dass sie nicht mit abgeschnitten werden. Die Maße beziehen sich nur auf das Gewebe auf der Plüschrückseite, der Haarverlauf geht von oben nach unten. Die Haare werden erst nach dem Ankleben am Rumpf gekürzt. Den Plüsch unterhalb der Nase um den Rumpf schlingen. Weil die gebohrten Löcher im Rumpf durch den Plüsch nur schwer wiedergefunden werden, vorher die beiden Drähte von einer Seite so durchstecken, dass sie auf der anderen Seite nur leicht überstehen. Nun den Plüsch darüber ziehen und die Drähte durch den Plüsch drücken. Ebenso auf der anderen Seite verfahren. Jetzt ragen auf beiden Seiten die Drähte aus dem Plüsch heraus und Anfang und Ende des Plüschs befinden sich auf dem Rücken des Trolls. Den Plüsch ankleben und an der Unterseite die Haare etwas kürzen.

5 Die Arme auf die Drahtenden stecken, die Drahtenden mit einer Flachzange viermal miteinander verdrehen, mit dem Seitenschneider kürzen und andrücken.

6 Für das Kopfhaar einen Plüschstreifen, 7 cm x 3 cm, zuschneiden. Den Plüschstreifen wie einen Bügel über den Kopf legen, Haarverlauf von vorne nach hinten, und ankleben. Zuletzt die Haare etwas kürzen, den Troll auf den Keil stecken und das beschriftete Herz an der Kordel umhängen.

WELCOME

Hier wohnt das Glück

→ süß an der Kinderzimmertür

MOTIVHÖHE
ca. 24 cm

MATERIAL
- Sperrholz, 1 cm stark, 20 cm x 20 cm (Rumpf) und 21 cm x 7,5 cm (Schild)
- Sperrholzrest, 4 mm stark (Arme, Marienkäfer)
- Acrylfarbe in Hautfarbe, Gelb, Rot, Gelbgrün, Schwarz und Weiß
- Dekostifte in Weiß, Gelb und Hellgrün, ø 1 mm bis 2 mm
- Abacafaser oder Jutegras in Hellgrün, 6 cm lang (Quaste)
- geglühter Blumendraht, ø 0,35 mm, 10 cm und 15 cm (Mützenquaste) und 8 cm lang (Befestigung der Arme)
- Bohrer, ø 1 mm

VORLAGEN-BOGEN 1A

1 Die Holzteile aussägen und die Ränder mit Feile und Schleifpapier glätten.

2 Die Holzteile wie abgebildet bemalen. Die Punkte auf der Mütze, die Nähte der Flicken und die Streifen auf der Hose mit dem Dekostift aufmalen. Auf das rote Hemd kleine schwarze Punkte auftupfen. Das Gesicht aufmalen und die Wangen mit Buntstift röten. Auf das Schild den Schriftzug aufschreiben und mit Dekostiften verzieren.

3 Die bemalten Marienkäfer (Punkte und Trennlinien mit Filzstift) auf das Schild kleben und mit Filzstift die Beinchen und Fühler direkt auf das Schild zeichnen.

4 Die Löcher an Mützenspitze, Armen und Schultern bohren.

5 Für die Befestigung der Arme das 8 cm lange Drahtstück zu einem engen U biegen, die beiden Drahtenden durch die beiden Löcher in einem Arm, in der Schulter und im zweiten Arm stecken und auf der Rückseite mit Daumen und Zeigefinger oder mit einer kleinen Flachzange viermal verdrehen. Die Drahtenden mit dem Seitenschneider kürzen und andrücken.

6 Ein Ende des 15 cm langen Drahtes an der Mützenspitze andrahten, das andere Ende um die Mitte des Abacafaserbüschels schlingen, verdrehen und kürzen. Das Faserbüschel an der Bindestelle knicken und mit dem 10 cm langen Draht zweimal zu einer Quaste umschlingen. Die Drahtenden miteinander verdrehen und kürzen.

7 Den Zwerg bäuchlings mit Kraftkleber auf das Schild kleben.

Tipp: Dieses Schild macht sich besonders gut an der Kinderzimmertür. Schreiben Sie dann den Namen des Bewohners auf das Schild.

HiER WOHNT
DAS GLüCK

Ich wünsch' dir ganz viel Glück

→ Mutmacher, immer im Einsatz

1 Die Holzteile aussägen und die Ränder mit Feile und Schleifpapier glätten.

2 Die Holzteile bemalen. Die Punkte auf der Mütze und die Nähte der Flicken mit dem Dekostift aufmalen. Die Nase aufkleben und das Gesicht aufmalen. Die Wangen mit Buntstift röten.

3 Die Löcher in der Mütze, in den Armen, den Schultern und den Schuhen bohren.

4 Jetzt die Hände an die Ärmel kleben. Für die Befestigung eines Armes am Rumpf ein 8 cm langes Drahtstück zu einem engen U biegen, die beiden Drahtenden durch die beiden Löcher im Arm sowie in der Schulter stecken und auf der Rückseite mit Daumen und Zeigefinger oder mit einer kleinen Flachzange viermal verdrehen. Die Drahtenden mit dem Seitenschneider kürzen und andrücken.

5 Ein Ende des 15 cm langen Drahtes an der Mützenspitze andrahten, das andere Ende um die Mitte des Abacafaserbüschels schlingen, verdrehen und kürzen. Das Faserbüschel an der Bindestelle knicken und mit dem 10 cm langen Draht zweimal zu einer Quaste umschlingen. Die Drahtenden miteinander verdrehen und kürzen. Den Draht um ein Schaschlikstäbchen o. Ä. zur Spirale drehen.

6 Die Schnürsenkel durch die Löcher in den Schuhen ziehen und jeweils eine Schleife binden.

7 Den Wichtel auf das beschriftete Kleeblatt setzen, evtl. mit Klebstoff fixieren.

MOTIVHÖHE
ca. 13 cm

MATERIAL

- Sperrholz, 8 mm stark, 20 cm x 15 cm (Rumpf)
- Sperrholz, 4 mm stark, 20 cm x 20 cm (Arme, Hände und Kleeblatt)
- Acrylfarbe in Hautfarbe, Rot, Gelb und Gelbgrün
- Dekostifte in Weiß und Gelb, ø 1 mm bis 2 mm
- halbierte Rohholzperle, ø 8 mm (Nase)
- Abacafaser oder Jutegras in Gelb, 6 cm lang (Quaste)
- Baumwollkordel in Rot, ø 1 mm bis 2 mm, 2 x 20 cm lang (Schnürsenkel)
- geglühter Blumendraht, ø 0,35 mm, 10 cm und 15 cm (Mützenquaste) und 2 x 8 cm lang (Befestigung der Arme)
- Bohrer, ø 1 mm (Draht) und 2 mm (Kordel)

VORLAGENBOGEN 2B

Gute-Fahrt-Troll

→ zuverlässiger Begleiter

MOTIVHÖHE
ca. 28 cm (mit Schwanz)

MATERIAL

- Sperrholz, 6 mm stark, 10 cm x 15 cm (Rumpf)
- Sperrholzrest, 4 mm stark (Arme und Beine)
- Sperrholzrest, 3 mm stark (Flügel und Schild)
- Acrylfarbe in Hautfarbe, Weiß und Hellbraun
- Dekostifte in Weiß und Hellbraun, ø 1 mm bis 2 mm
- halbierte Rohholzperle, ø 1 cm (Nase)
- Langhaarplüschrest in Schwarz
- Lederriemen in Natur, ø 2 mm, 14 cm lang (Schwanz)
- geglühter Blumendraht, ø 0,35 mm, 4 x 8 cm (Befestigung von Armen, Beinen und Flügeln), 10 cm (Schild) und 30 cm lang (Aufhängung)
- Bohrer, ø 1 mm (Draht), 2 mm (Schwanz) und 3 mm (Plüschhaare)

VORLAGENBOGEN 1B

1 Die Motivteile aussägen. Die Ränder mit Feile und Schleifpapier glätten.

2 Die Holzteile bemalen. Die halbierte Holzperle als Nase aufkleben, dann das Gesicht leicht mit Bleistift vorzeichnen und mit dem feinen Filzstift nachziehen. Die Wangen mit Buntstift röten. Den braunen Rumpf mit weißen Linien bemalen und das weiße Schild mit dem braunen Dekostift beschriften. Evtl. die Ränder nochmals leicht abschleifen.

3 In den Kopf von oben mit dem Bohrer, ø 3 mm, ein ca. 1 cm tiefes Loch für die Haare bohren. In den Po ein Loch (ø 2 mm) für den Schwanz bohren. Für die Befestigung von Armen, Beinen und Flügeln den kleinsten Bohrer nehmen.

4 Ein 8 cm langes Drahtstück zu einem engen U biegen. Beide Enden zuerst durch die beiden Löcher im ersten Arm, dann durch die Löcher im Rumpf und im zweiten Arm stecken. Beide Drahtenden mit Daumen und Zeigefinger oder mit einer kleinen Flachzange viermal verdrehen. Die Drahtenden mit dem Seitenschneider kürzen und andrücken. Die Beine ebenso befestigen.

5 Ein 8 cm langes Drahtstück halb durch das vordere Loch eines Flügels ziehen, dann beide Drahtenden durch das vordere Lochpaar im Trollrücken stecken. Nun das obere Drahtende durch das vordere Loch des zweiten Flügels ziehen und dann beide Drahtenden viermal miteinander verdrehen, kürzen und andrücken. Ein weiteres 8 cm langes Drahtstück durch die hinteren Löcher in den Flügeln und im Rücken ziehen. Am Schild den 10 cm langen Draht befestigen und um die Hand schlingen. Den längsten Draht als Aufhängung am Loch im Ohr anbringen.

6 Vom Langhaarplüsch ein kleines Stück, 2 cm x 2 cm, abschneiden. Die Maße betreffen das Gewebe auf der Rückseite, nicht die Haarlänge! Beim Schneiden die Scherenspitze unter den langen Haaren durchschieben. Das Plüschteil zu einer engen Quaste wickeln, in das Loch im Kopf kleben und die Haare auf die gewünschte Länge kürzen. Evtl. muss das Loch auch noch etwas erweitert werden.

7 Den Lederriemen als Schwanz in den Rumpf kleben. Ein Plüschstück, 2 cm x 2 cm, als Quaste um das Schwanzende kleben.

GUTE FAHRT
GANZ VIEL GLÜCK

Gnubbels

Troll mit Herz

→ wer kann da widerstehen?

MOTIVHÖHE
ca. 23 cm (mit Schwanz)

MATERIAL
- Sperrholz, 6 mm stark, 10 cm x 15 cm (Rumpf)
- Sperrholzrest, 3 mm stark (Herz, Hände)
- Acrylfarbe in Hautfarbe, Hellbraun und Karminrot
- Dekostift in Weiß, ø 1 mm bis 2 mm
- halbierte Rohholzperle, ø 1 cm (Nase)
- Plüschrest in Hellbraun
- Lederriemen in Natur, ø 2 mm, 13 cm lang (Schwanz)
- Paketschnur, ø 1 mm, 50 cm lang (Aufhängung)
- Nadel und Faden in Hellbraun (Aufhängung an den gleichfarbigen Plüsch annähen)
- Bohrer, ø 2 mm (Schwanz)

VORLAGEN-BOGEN 1B

1 Die Holzteile aussägen. Die Ränder mit Feile und Schleifpapier glätten.

2 Nun die Holzteile bemalen. Die halbierte Holzperle als Nase aufkleben, dann das Gesicht leicht mit Bleistift vorzeichnen und mit dem feinen Filzstift nachziehen. Die Wangen mit Buntstift röten und auf die Augen einen weißen Lichtpunkt auftupfen. Den braunen Rumpf mit weiteren Punkten verzieren und das Herz beschriften. Evtl. die Ränder leicht abschleifen.

3 Auf der Rückseite das Loch für den Schwanz bohren; dabei den Rumpf nicht durchbohren. Den Lederriemen als Schwanz in das Loch kleben. Herz und Hände aufkleben.

4 In der Mitte des Haarschopfes aus Plüsch, 2 cm x 2 cm, den Faden annähen. Den Haarschopf aufkleben. Ein weiteres Plüschstück, 2 cm x 2 cm, als Quaste um das Schwanzende kleben.

Tipp: Falls Sie aus Versehen den Bauch ganz durchbohren, ist das nicht so schlimm. Das Herz verdeckt ja die Stelle.

DIESES BUCH ENTHÄLT 2 VORLAGENBOGEN

IMPRESSUM

FOTOS: frechverlag GmbH, 70499 Stuttgart; Fotostudio Ullrich & Co., Renningen
DRUCK: frechdruck GmbH, 70499 Stuttgart

Auflage: 5. 4. 3. 2. 1.
Jahr: 2009 2008 2007 2006 2005 [Letzte Zahlen maßgebend]

ISBN 3-7724-3363-4
Best.-Nr. 3363